EXPOSITION MANET

CATALOGUE

PRÉFACE DE

ÉMILE ZOLA

PRIX 1 FR.

1884

EXPOSITION

DES ŒUVRES DE

ÉDOUARD MANET

ÉCOLE NATIONALE DES BEAUX-ARTS

EXPOSITION

DES ŒUVRES DE

ÉDOUARD MANET

PRÉFACE DE

ÉMILE ZOLA

CATALOGUE

PRIX : I FR.

PARIS

IMPRIMERIE DE A. QUANTIN

7, RUE SAINT-BENOIT

—

Janvier 1884

DON SEYMOUR DE RICCI
216965

COMITÉ

DE L'EXPOSITION MANET

MM.

EDMOND BAZIRE.
MARCEL BERNSTEIN.
PHILIPPE BURTY.
JULES DE JOUY.
CHARLES DEUDON.
DURAND-RUEL.
FANTIN-LATOUR.
J. FAURE.
FOURCAUD.
HENRI GERVEX.
HENRI GUÉRARD.
A. GUILLEMET.

MM.

ALBERT HECHT.
L'ABBÉ HUREL.
FERD. LEENHOFF.
LÉON LEENHOFF.
EUGÈNE MANET.
GUSTAVE MANET.
DE NITTIS.
GEORGES PETIT.
ROLL.
ALFRED STEVENS.
ALBERT WOLFF.
ÉMILE ZOLA.

M. ANTONIN PROUST.

M. THÉODORE DURET.

ÉDOUARD MANET

Au lendemain de la mort d'Édouard Manet, il y eut une brusque apothéose, toute la presse s'inclina en déclarant qu'un grand peintre venait de disparaître. Ceux qui chicanaient et qui plaisantaient encore la veille se découvrirent, rendirent publiquement hommage au maître triomphant enfin dans son cercueil. Pour nous, les fidèles de la première heure, ce fut une victoire douloureuse. Eh quoi! l'éternelle histoire recommençait, la bêtise publique tuait les gens, avant de leur dresser des statues! Ce que nous avions dit quinze ans plus tôt, tous le répétaient maintenant. Derrière le char qui emportait notre ami au cimetière, notre cœur s'attendrissait et pleurait de ces éloges tardifs, qu'il ne pouvait plus entendre.

Mais, aujourd'hui, la réparation va être complète. Une exposition des principaux tableaux de l'artiste a été organisée avec un soin pieux, l'administration a bien voulu prêter les salles de l'École des Beaux-Arts, acte de libéralisme intelligent dont il faut la remercier, car il se trouve peut-être encore des crânes durs que l'entrée de Manet dans le sanctuaire de la tradition offensera. Voilà son œuvre, venez et jugez Nous sommes certains de cette dernière victoire, qui lui assignera définitivement une des premières places parmi les maîtres de la seconde moitié du siècle.

Les maîtres, à la vérité, se jugent autant à leur influence qu'à leurs œuvres; et c'est surtout sur cette influence que j'insisterai, car on n'a pu ici la rendre palpable, il faudrait écrire l'histoire de notre école de peinture pendant ces vingt dernières années pour montrer le rôle tout-puissant que Manet y a joué. Il a été un des instigateurs les plus énergiques de la peinture claire, étudiée sur nature, prise dans le plein jour du milieu contemporain, qui peu à peu a tiré nos Salons de leur noire cuisine au bitume, et les a égayés d'un coup de vrai soleil. C'est donc à cette besogne de régénérateur que je veux le montrer dans ces quelques pages trop courtes, dont le seul mérite sera d'être écrites par un témoin sincère.

J'ai connu Manet en 1866. Il avait alors trente-trois ans et habitait un grand atelier délabré, dans la plaine Monceau. Il était déjà en pleine lutte, des tableaux exposés chez Martinet, et surtout son envoi au Salon des refusés de 1863, avaient ameuté contre lui toute la critique. On riait sans comprendre. C'est, à coup sûr, l'époque où le peintre a entassé les toiles avec le plus de conviction et de force. Je le revois rayonnant de confiance, raillant les railleurs, toujours au travail, décidé à conquérir Paris. Il avait eu une jeunesse tourmentée, des brouilles avec son père, un magistrat que la peinture inquiétait, puis le coup de tête d'un voyage en Amérique, puis des années perdues à Paris, un stage dans l'atelier de Couture, une lente et pénible recherche de sa personnalité. Il semblait n'avoir commencé à voir clair qu'après avoir rompu toute discipline. Dès-lors, il s'était mis franchement en face de la nature, il n'avait plus eu d'autre maître. Au demeurant, un Parisien adorant le monde, d'une élégance fine et spirituelle, qui riait beaucoup lorsque les chroniqueurs le représentaient en rapin débraillé.

L'année suivante, en 1867, n'ayant pu obtenir une place à l'Exposition universelle, Manet se décida à réunir son œuvre dans une salle qu'il fit construire, avenue de l'Alma. Cet œuvre était déjà considérable, et l'on voyait là, nettement, les progrès du peintre vers cette peinture du plein air, qu'il devait pousser si loin plus tard. Les premiers tableaux, le *Buveur d'absinthe*, par exemple, tenaient encore aux procédés d'atelier, aux ombres noires distribuées selon la formule. Puis, venaient les toiles à succès, le *Chanteur espagnol*, qui lui avait valu une mention honorable, et l'*Enfant à l'épée*, une toile dont on l'écrasa plus tard. C'était de la bonne et solide peinture, sans grand accent personnel. Mais le peintre, qui aurait dû s'en tenir à cette manière, s'il avait voulu vivre heureux, médaillé, décoré, se trouvait pour le malheur de sa vie entraîné par son tempérament dans une évolution incessante; et il en arrivait, malgré lui peut-être, fatalement, à la *Musique aux Tuileries*, de l'exposition Martinet, au terrible *Déjeuner sur l'herbe*, à l'*Espada* et au *Majo*, du Salon des refusés de 1863. Dès lors, la rupture était complète : il entrait dans une bataille de vingt ans, que la mort seule devait terminer.

Quelles toiles originales, d'une nouveauté saisissante, dans cette salle de l'avenue de l'Alma! Au milieu d'un panneau, trônait cette exquise *Olympia* qui, au Salon de 1865, avait achevé d'exaspérer Paris contre l'artiste. On y voyait aussi *le Fifre*, d'une couleur si gaie, *le Torrero mort*, un morceau de peinture superbe, *la Chanteuse des rues*, si juste et si fine de ton, *Lola de Valence*, le bijou de la salle peut-être, si charmante dans son étrangeté! Et je ne parle pas des marines, parmi lesquelles le *Combat du Kearsage et de l'Alabama*, d'une vérité étonnante; je ne parle pas des natures mortes, un saumon, un lapin, des fleurs, que les adversaires du peintre eux-mêmes déclaraient de premier ordre, égalant les natures mortes classiques de notre École française.

Cette exposition personnelle, naturellement, enragea la critique contre Manet. Il y eut un débordement d'injures et de plaisanteries. Il n'en souffrait pas encore, bien qu'une légitime impatience commençât à l'énerver. Ce peintre révolté, qui adorait le monde, avait toujours rêvé le succès tel qu'il pousse à Paris, avec les compliments des femmes, l'accueil louangeur des salons, la vie luxueuse galopant au milieu des admirations de la foule. Il quitta son atelier délabré de la rue Guyot; il loua, rue de Saint-Pétersbourg, une sorte de galerie très ornée, une ancienne salle d'escrime, je crois; et il se remit à la besogne, avec l'idée de conquérir le public par la grâce. Mais son tempérament était là, qui lui défendait les concessions, qui le poussait quand même dans la voie qu'il avait ouverte. Ce fut à cette époque que sa peinture acheva de s'éclaircir : son désir de plaire aboutissait à des toiles plus accentuées, plus révolutionnaires que les anciennes. S'il travaillait moins, il y eut un épanouissement complet de ses facultés de vision et de notation. On peut préférer la note plus sourde et plus juste peut-être de sa première manière ; mais il faut constater que, dans la seconde, il arrivait à l'intensité logique du plein air, à la formule définitive qui allait avoir une si grande influence sur la peinture contemporaine.

D'abord, un succès l'avait ravi : le *Bon Bock* fut loué par tout le monde. Il y avait là un retour à la facture adroite de l'*Enfant à l'épée*, baignée seulement d'une lumière plus franche. Mais il n'était pas toujours maître de sa main, n'usant d'aucun procédé fixe, ayant gardé une naïveté fraîche d'écolier devant la nature. En commençant un tableau, jamais il n'aurait pu dire comment ce tableau viendrait. Si le génie est fait d'inconscience et du don naturel de la vérité, il avait certainement du génie. Aussi ne retrouva-t-il pas, malgré ses efforts sans doute, l'heureux équilibre du *Bon Bock*, où sa note originale se tempérait d'une habileté qui désarmait le public. Il peignit successivement *le Linge, le Bal à l'Opéra, les Canotiers*, des toiles puissamment individuelles que je préfère, mais qui le rejetèrent dans la lutte, tellement elles sortaient de la fabrication courante des autres peintres. L'évolution se trouvait achevée, il en arrivait à faire de la lumière avec son pinceau.

Dès lors, son talent était en pleine maturité. Il avait encore déménagé, il produisit coup sur coup, dans son atelier de la rue d'Amsterdam, *le Café-concert*, *le Déjeuner*, *Dans la serre*, d'autres œuvres encore, qui sont bien reconnaissables à leur clarté blonde, à la transparence de l'air qui emplit la toile. De cette époque datent aussi d'admirables pastels, des portraits d'une finesse et d'une couleur exquises. La maladie l'avait pris; il gardait sa vaillance, allait passer ses étés à la campagne, d'où il rapportait des esquisses, des fleurs, des jardins, des figures couchées dans l'herbe. Lorsqu'il lui devint impossible de marcher, il s'installa encore devant son chevalet, il peignit ainsi jusqu'au dernier jour. Le succès était venu, on l'avait décoré, tous lui faisaient la place qu'il méritait dans l'art de notre époque. Il sentait bien que, si on ne lui donnait pas cette place tout haut, un effort suffirait pour qu'on l'acclamât enfin. Et il rêvait d'avenir, il espérait enrayer le mal et terminer sa tâche, lorsque ce fut la mort qui emporta les dernières résistances et qui le mit debout dans son triomphe.

Pour nous, son rôle était rempli : il avait achevé son œuvre, les années qu'il aurait pu vivre encore n'auraient fait que confirmer ses conquêtes. Dans cette revue rapide, il me reste à signaler les portraits, d'un caractère si contemporain, ceux de son père et de sa mère, de Mademoiselle Éva Gonzalès, de MM. Antonin Proust, Rochefort, Théodore Duret, De Jouy, Émile Zola. Je mentionne aussi des études anciennes, de très intéressantes copies : *la Vierge au Lapin*, le portrait de Tintoret, une tête de Filippo Lippi, qui prouvent combien le peintre, accusé d'ignorance, avait fréquenté les maîtres d'autrefois. Enfin, il a laissé des eaux-fortes d'une grande vigueur et d'une grande délicatesse à la fois. Il y a là vingt-cinq ans de travail, de batailles et de victoires. C'est cet ensemble qui le montre tout entier, se dégageant chaque jour un peu des préceptes d'école, apportant et imposant sa vision, arrivant à l'affirmation absolue de sa personnalité, et dans une formule si nette, si attendue, qu'elle est aujourd'hui celle de tous nos peintres à succès.

Je ne veux point ici faire besogne de critique. Je dis ce qui est. La formule de Manet est toute naïve : il s'est mis simplement en face de la nature, et, pour tout idéal, il s'est efforcé de la rendre dans sa vérité et sa force. La composition a disparu, il n'y a plus eu que des scènes familières, un ou deux personnages, parfois des foules, saisies au hasard, avec leur grouillement. Une seule règle l'a guidé, la loi des valeurs, la façon dont un être ou un objet se comporte dans la lumière : l'évolution est partie de là, c'est la lumière qui dessine autant qu'elle colore, c'est la lumière qui met chaque chose à sa place, qui est la vie même de la scène peinte. Dès lors, apparurent ces tons justes, d'une intensité singulière, qui déroutèrent le public, habitué à la fausseté traditionnelle des tons de l'École ; dès lors, les figures se simplifièrent, ne furent plus traitées que par larges masses, selon leur plan, et la foule se tenait les côtes, car on l'avait accoutumée à tout voir, jusqu'aux poils de la barbe, dans les fonds bitumineux des tableaux historiques. Rien n'est plus incroyable, plus exaspérant que le vrai, lorsqu'on a dans les yeux des siècles de mensonge.

Il faut ajouter que la personnalité de Manet rendait la formule nouvelle moins acceptable encore, pour des gens qui aiment les sentiers battus. J'ai dit son inconscience, son départ pour l'inconnu, à chaque toile blanche qu'il posait sur son chevalet. Sans la nature, il restait impuissant. Il fallait que le sujet posât, et encore il l'attaquait en copiste sans malice, sans recette d'aucune sorte, des fois très habile, d'autre fois tirant de sa maladresse même des effets charmants. De là, ces raideurs élégantes qu'on lui a reprochées, ces lacunes brusques qui se trouvent dans ses œuvres les mieux venues. Les doigts n'obéissaient pas toujours aux yeux, dont la justesse était merveilleuse. S'il se trompait, ce n'était pas par défaut d'étude, comme on le prétendait, car aucun peintre n'a travaillé avec autant d'acharnement ; c'était simplement par nature, il faisait ce qu'il pouvait, et il ne pouvait pas faire autre chose. Nul parti pris, d'ailleurs : il aurait voulu plaire. Il donnait sa chair et son sang, et aucun de nous, qui le connaissions bien, ne le rêvait plus équilibré ni plus parfait, car il y aurait certainement laissé le meilleur de son originalité, cette note aiguë de lumière, cette vérité des valeurs, cet aspect vibrant de ses toiles, qui les signalent entre toutes.

Oubliez les idées de perfection et d'absolu. Ne croyez pas qu'une chose est belle parce qu'elle est parfaite, selon certaines conventions physiques et métaphysiques. Une chose est belle, parce qu'elle est vivante, parce qu'elle est humaine.

Et vous goûterez alors avec délices cette peinture de Manet, qui est venue à l'heure où elle avait son mot à dire, et qui l'a dit avec une pénétrante originalité. Elle est intelligente, spirituelle, beaucoup plus que les machines savantes dont on a voulu l'écraser, et qui dorment déjà dans la poussière des galetas. Elle ne pouvait pousser qu'à Paris, elle a la grâce maigre de nos femmes pâlies par le gaz, elle est bien la fille de l'artiste obstiné qui aimait le monde et qui s'épuisait à le conquérir.

Si vous voulez vous rendre un compte exact de la grande place que Manet occupe dans notre art, cherchez à nommer quelqu'un après Ingres, Delacroix et Courbet. Ingres reste le champion de notre école classique agonisante; Delacroix flamboie pendant toute l'époque romantique; puis, vient Courbet, réaliste dans le choix de ses sujets, mais classique de ton et de facture, empruntant aux vieux maîtres leur métier savant. Certes, après ces grands noms, je ne méconnais pas de beaux talents, qui ont laissé des œuvres nombreuses; seulement, je cherche un novateur, un artiste qui ait apporté une nouvelle vision de la nature, qui surtout ait profondément modifié la production artistique de l'époque; et je suis obligé d'en arriver à Manet, à cet homme de scandale, si longtemps nié, et dont l'influence est aujourd'hui dominante.

L'influence est là, indéniable, s'affirmant davantage à chaque nouveau Salon. Reportez-vous par la pensée à vingt ans en arrière, souvenez-vous de ces Salons noirs, où les études de nu elles-mêmes restaient obscures, comme envahies de poussière. Dans les grands cadres, l'Histoire et la Mythologie s'enduisaient d'une couche de bitume; pas une échappée sur le monde vrai, vivant, baigné de soleil; à peine, çà et là, une petite toile, un paysage osant mettre une trouée de ciel bleu. Et, peu à peu, on a vu les Salons s'éclaircir, les Romains et les Grecs en acajou, les Nymphes en porcelaine se sont évanouis d'année en année, tandis que le flot des scènes modernes, prises à la vie de tous les jours, montait, envahissait les murs, qu'il ensoleillait de ses notes vives. Ce n'était pas seulement un monde nouveau, c'était une peinture nouvelle, la tendance vers le plein air, la loi des valeurs respectée, chaque figure peinte dans la lumière, à son plan, et non plus traitée idéalement, selon les conventions traditionnelles. A cette heure, je le répète, l'évolution est accomplie, vous n'avez qu'à comparer le Salon de cette année à celui de 1863, par exemple, et vous comprendrez le pas énorme qui a été fait en vingt ans, vous sentirez la différence radicale des deux époques.

En 1863, Manet ameutait la foule au Salon des refusés, et c'est lui pourtant qui a été le chef du mouvement. Que de fois, maintenant, on s'arrête devant une toile claire, aux notes franches, en s'écriant : « Tiens! un Manet! » Il n'est pas de peintre qu'on imite davantage, sans l'avouer. Mais les imitations directes ne sont point les plus caractéristiques. Ce qu'il faut noter avec soin, c'est l'action exercée par l'artiste sur les habiles du moment. Tandis que son originalité sans concession possible le faisait huer, tous les malins du pinceau glanaient derrière lui, prenaient à sa formule ce que le public pouvait en supporter, accommodaient le plein air à des sauces bourgeoises. Je ne nommerai personne, mais que de fortunes faites sur son dos, que de réputations bâties du meilleur de son sang! Il en riait parfois avec un peu d'amertume, en sentant bien qu'il était incapable de toutes ces gentillesses. On le volait pour le débiter en friandises aux amateurs ravis, qui auraient frémi devant un Manet véritable, et qui se pâmaient devant les Manet de contrebande, fabriqués à la grosse comme les articles de Paris.

Les choses en vinrent même au point que l'École des Beaux-Arts fut débauchée. Les plus intelligents des élèves, gagnés par la contagion, rompirent avec les recettes enseignées, se jetèrent, eux aussi, dans l'étude du plein air. A cette heure, qu'ils le confessent ou non, les jeunes artistes qui sont à la tête de notre art ont tous subi l'influence de Manet; et s'ils prétendent qu'il y a simplement rencontre, il n'en reste pas moins évident qu'il a le premier marché dans la voie, en indiquant la route aux autres. Son rôle de précurseur ne peut plus être nié par personne. Après Courbet, il est la dernière force qui se soit révélée, — j'entends par force une nouvelle expansion dans la manière de voir et de rendre.

Voilà ce que tous comprendront aujourd'hui, en face des cent cinquante œuvres que nous avons pu réunir. Il n'y a plus de discussion, on s'incline devant l'effort héroïque du maître, devant le rôle considérable qu'il a joué. Même ceux qui ne l'acceptent pas entièrement reconnaissent la place énorme qu'il occupe.

Le temps achèvera de le classer parmi les grands ouvriers de ce siècle, qui ont donné leur vie au triomphe du vrai.

ÉMILE ZOLA.

CATALOGUE

PEINTURE

1859

1. — Tête de jeune homme, d'après Filippo Lippi.

Appartient à M. Antonin Proust.

2. — La Vierge au lapin, d'après le Titien.

Appartient à M. Faure.

3. — Portrait du Tintoret, d'après le Tintoret.

Appartient à M. G. Manet.

4. — L'Enfant aux cerises.

Appartient à M. E. Manet.

5. — Le Buveur d'absinthe.

Appartient à M. Faure.

1860

6. — Portrait de M. et Mme M.

Salon de 1861.
Appartient à Mme Manet.

7. — Le Gamin au chien.

Appartient à M. Lambert, de Nice.

8. — Le Chanteur espagnol.

Salon de 1861.
Appartient à M. Faure.

9. — La musique aux Tuileries.

Appartient à M. Faure.

1861

10. — La Chanteuse des rues.

Appartient à M. Faure.

11. — Jeune homme en costume de majo.

Appartient à M. Faure.

12. — Le Ballet espagnol.

Appartient à M. Durand-Ruel.

13. — La Nymphe surprise.

1862

14. Lola de Valence.

Appartient à M. Faure.

15. — Mlle V., en costume d'espada.

Appartient à M. Faure.

16. — Le vieux Musicien.

17. — Guitare et chapeau, dessus de porte.

18. — Huîtres, nature morte.

1863

19. — Le Déjeuner sur l'herbe.

Appartient à M. Faure.

20. — Jeune femme couchée, en costume espagnol.

Appartient à M. Nadar.

X 21. — La Posada.

Appartient à M. Alfred Stevens.

22. — Poires, nature morte.

Appartient à M. de Jouy.

23. — Olympia.

Salon de 1865.

1864

24. — L'Homme mort (fragment du *Combat de taureaux*).

Salon de 1864.
Appartient à M. Faure.

25. — Un Moine en prière.

Appartient à M. Bernstein.

26. — Le Fumeur.

Appartient à M. Pertuiset.

27. — Le Buveur d'eau.

Appartient à M. Hubert Debrousse.

1865

28. — Le Liseur.

Appartient à M. Faure.

29. — Un Philosophe.

Appartient à M. Faure.

30. — Un Philosophe.

Appartient à M. Faure.

31. — Poissons, nature morte.

Appartient à M. Gérard.

32. — Fruits, nature morte.

Appartient à M. le docteur Siredey.

1866

33. — Le Fifre.

Appartient à M. Faure.

34. — Le Matador saluant.

Appartient à M. Théodore Duret.

35. — Le Combat du *Kearsage* et de *l'Alabama*.

Salon de 1872.
Appartient à M. Charpentier.

36. — Le Combat de taureaux.

Appartient à M. Pertuiset.

37. — Pivoines.

Appartient à Mme Paul Lacroix.

38. — Fleurs.

Appartient à M. Champfleury.

1867

39. — Une jeune femme.

Salon de 1868.
Appartient à M. Gérard.

40. — La Joueuse de guitare.

Appartient à M. May.

41. — Vue de l'Exposition universelle, esquisse.

1868

42. — Portrait de M. Émile Zola.

Salon de 1868.
Appartient à M. Émile Zola.

43. — Portrait de M. Théodore Duret.

Appartient à M. Théodore Duret.

44. — Le Mendiant.

Appartient à M. Fernand Crouan, de Nantes.

45. — Les Bulles de savon.

Appartient à M. Albert Hecht.

46. — La lecture.

47. — Au piano.

1869

48. — Après le café.

Appartient à M. Faure.

49. — Le Clair de lune.

Appartient à M. Faure.

50. — Le Saumon.

Appartient à M. Faure.

51. — Jetée de Boulogne.

Appartient à M. Gérard.

52. — Le Balcon.

Salon de 1869.

53. — La Leçon de musique.

Salon de 1870.

54. — Départ du bateau à vapeur.

55. — Nature morte.

Appartient à M. Dollfus.

1870

56. — Portrait de Mlle Éva Gonzalès.

Salon de 1870.
Appartient à M. Guérard.

57. — Le Repos.

Salon de 1873.

Appartient à M. Théodore Duret.

58. — Le Jardin.

Appartient à M. de Nittis.

1871

59. — Le port de Bordeaux.

Appartient à M. Théodore Duret.

60. — Nature morte.

Appartient à M. Fantin-Latour.

61. — Courses à Longchamps.

Appartient à M. Delius.

1872

62. — Les Courses au bois de Boulogne.

Appartient à M. Faure.

63. — Les Hirondelles.

Appartient à M. Albert Hecht.

64. — Vue de Hollande, marine.

Appartient à M. Gauguin.

65. — Femme à l'éventail.

Appartient à M. de Bellio.

66. — Etude de buste nu.

Appartient à M. Rouart.

1873

67. — Le bon bock.

Salon de 1873.
Appartient à M. Faure.

68. — Le chemin de fer.

Salon de 1874.
Appartient à M. Durand-Ruel.

69. — Le bal masqué.

Appartient à M. Faure.

70. — Pêcheurs en mer.

Appartient à M. Faure.

71. — Sur la plage.

Appartient à M. Rouart.

72. — Polichinelle.

Salon de 1874.
Appartient à Mme Martinet.

73. — La partie de crocket.

Appartient à M. Caillebotte.

1874

74. — Portrait de Mme E. M.

Appartient à M. Eugène Manet.

75. — Argenteuil.

Salon de 1875.

76. — En bateau.

Salon de 1879.
Appartient à M. Desfossés.

77. — La dame aux éventails.

1875

78. — L'artiste.

Appartient à M. Hubert Debrousse.

79. — Le grand Canal à Venise.

Appartient à M. James Tissot.

80. — Le linge.

81. — Jeune fille en blanc.

1876

82. — Tête de femme.

Appartient à M. Gérard.

83. — Enfant dans les fleurs, panneau décoratif.

84. — Vase de fleurs.

1877

85. — La brioche.

Appartient à M. Faure.

86. — La prune.

Appartient à M. Charles Deudon.

87. — Portrait de M. Stéphane Mallarmé.

Appartient à M. Stéphane Mallarmé.

88. — La Servante de bocks.

89. — Le Skating.

1878

90. — Dans la Serre.

Salon de 1879.
Appartient à M. Faure.

91. — Le melon, nature morte.

Appartient à M. Pertuiset.

92. — Tête de femme.

1879

93. — Portrait de M. de Jouy.

Appartient à M. de Jouy.

94. — Le père Lathuille.

Salon de 1880.

1880

95. — Portrait de M. Antonin Proust.

Salon de 1880.
Appartient à M. Antonin Proust.

96. — Asperges.

Appartient à M. Charles Ephrussi.

97. — Jambon, nature morte.

Appartient à M. Pertuiset.

98. — Pêches.

Appartient à M. Pertuiset.

99. — Roses.

Appartient à M. Pertuiset.

100. — Les lilas.

Appartient à M. Pertuiset.

101. — Lilas blancs.

Appartient à M. Pertuiset.

102. — Lilas et roses.

Appartient à M. Pertuiset.

103. — L'Arrosoir, panneau décoratif.

1881

104. — Portrait de M. Pertuiset.

Salon de 1881.
Appartient à M. Pertuiset.

105. — Jeanne (le Printemps.)

Salon de 1882.
Appartient à M. Antonin Proust.

106. — Mon jardin.

Appartient à M. Clapisson.

107. — Coin de jardin.

Appartient à M. Chauchard.

108. — Portrait de M. Henri Rochefort.

Salon de 1881.

109. — L'Évasion.

110. — Grand-duc, panneau décoratif.

111. — Lièvre, id.

1882

112. — Bar aux Folies-Bergère.

Salon de 1882.

113. — Méry (l'Automne).

1883

114. — L'Amazone.

115. — Vase de fleurs (28 février).

116. — Vase de fleurs (1er mars).

AQUARELLES

117. — Le Chanteur espagnol.

Appartient à M. Antonin Proust.

118. — Polichinelle.

119. — La Guerre civile.

120. — Courses à Longchamps.

121. — Posada.

122. — Bateaux de Seine.

123. — Bateau à vapeur. Vue d'Argenteuil.

PASTELS

124. — Portrait.

Appartient à Mme M. L.

125. — Jeune fille en déshabillé.

Appartient à Mme Scott.

126. — Portrait de Mlle L.

Appartient à Mme Madeleine Lemaire.

127. — La Femme à la jarretière.

Appartient à M. de Bellio.

128. — Tête de femme.

Appartient à M. de Bellio.

4

129. — Portrait de Mme D. P.

Appartient à Mme du Paty.

130. — Portrait.

Appartient à M. Émile Zola.

131. — Portrait de Mlle C.

Appartient à Mlle C.

132. — Portrait.

Appartient à M. J.-L. Brown.

133. — Portrait.

Appartient à Mme la comtesse A.

134. — Cabaner.

Appartient à M. Wagner.

135. — Femme couchée.

Appartient à Mme Scott.

136. — Portrait.

Appartient à M. le Dr Robin.

137. — Portrait.

Appartient à M. Desbeaux.

138. — Portrait.

Appartient à Mlle V.

139. — Portrait.

Appartient à Mlle M. C.

140. — Vieillard.

Appartient à M. Charles Ephrussi.

141. — Tête de jeune fille.

142. — Tête de jeune fille.

143. — Sur le banc.

144. — Parisienne.

145. — Viennoise.

146. — Petite fille se coiffant.

147. — La Femme au carlin.

148. — La Femme à la fourrure.

149. — Portrait.

150. — Femme voilée.

151. — Petite fille.

152. — Tête d'homme.

153. — Portrait du poète Georges Moore.

154. — L'Homme au chapeau rond.

EAUX-FORTES

155. — Le Gamin.
La petite fille.
La toilette.

156. — Au Prado.
Fleur exotique.
Au Prado.

157. — Le Liseur.
L'Infante, d'après Velazquez.
La Convalescente.

158. — Le Buveur d'absinthe.
Les Gitanos.
Enfant portant un plateau.

159. — Philippe IV, d'après Velazquez.
Le Christ et les Anges.
La Marchande de cierges.

160. — L'enfant à l'épée (gauche).
Les petits Cavaliers, d'après Velazquez.
L'enfant à l'épée (droite).

161. — Le Joueur de guitare.
Lola de Valence.
L'homme mort.
Mlle V. en costume de spada.

LITHOGRAPHIES

162. — Rendez-vous de chats.

163. — Le Gamin.

164. — Derrière la barricade.

165. — La Guerre civile.

166. — Les Courses.

DESSINS

167. — Au café.

Appartient à M. Fourcaud.

168. — Scènes d'orchestre.

169. — Portrait de M. Vignaux.

170 — La Dormeuse.

171. — Le Chat.

172. — Profils de femmes.

173. — Sur la plage.

174. — L'Homme aux béquilles.

175. — Au bord de la mer.

176. — Mlle Dodu.

177. — Deux dessins.

178. — Plainte mauresque.

179. — Cadre.

Appartient à M. Alph. Dumas.

DISCOURS PRONONCÉ PAR M. ANTONIN PROUST SUR LA TOMBE DE MANET.

Messieurs,

C'est avec une émotion profonde que je prends la parole sur cette tombe, qui enlève à l'art français un maître et qui nous sépare d'un ami.

L'ami datait pour moi des bancs du collège, et cette amitié a été si fidèle que personne ne peut rendre un plus complet hommage à la sûreté de ses relations, à l'humeur si charmante de son esprit parisien et surtout à cette bonté inépuisable qui lui a valu tant et de si vigoureuses sympathies.

Le maître, il s'était révélé du premier coup du jour où, entraîné par son amour passionné de la vie et par le désir ardent d'en traduire, au contact de la pleine lumière, ses impressions les plus vivantes et les plus modernes, il s'était débarrassé des liens d'une tradition peut-être trop attentive au culte des choses disparues.

Je voudrais, messieurs, retracer la vie d'Édouard Manet. Je voudrais dire ce qu'a été cette existence de lutte où la foi s'est montrée inébranlable avec une persistance qui ne s'est jamais démentie et un courage que rien ne pouvait abattre. Quelque effort que je fasse sur moi-même, cela me serait impossible en ce moment.

Mais ce que je veux rappeler avec vous tous, c'est que ces grandes qualités du cœur et de l'esprit, qui faisaient de Manet un ami si précieux, on les retrouve dans l'artiste; c'est que la générosité était la vertu dominante de cet infatigable chercheur, souvent inégal, mais d'allure toujours magistrale. C'était avec une véritable joie d'enfant qu'il prodiguait autour de lui les conquêtes qu'avait pu faire son observation personnelle, et il n'avait pas de plus grand bonheur que d'applaudir aux succès, presque toujours plus grands que les siens, obtenus par ceux qui marchaient à sa suite ou qui s'inspiraient de son exemple.

De toutes ces tentatives d'un génie sans cesse en quête d'un effort nouveau il est né des œuvres qui ont leur place marquée à côté des plus belles et des plus hardies productions de la peinture française. Et si persistants que nous connaissions les préjugés administratifs, on est véritablement surpris que, sans parler d'études plus récentes et plus complètes, des toiles comme l'*Enfant à l'épée* et le *Torero mort* ne soient pas allées tout droit à nos collections publiques. On m'a fait l'honneur de me dire que j'avais accompli un acte de courage en attribuant la croix de la Légion d'honneur à Édouard Manet. Je ne mérite point un tel éloge. J'ai tout simplement fait un acte de réparation en honorant un artiste qui, de l'aveu de tous ses pairs, a exercé une influence incontestable sur les tendances de l'art contemporain.

Mais, messieurs, si ce rôle de précurseur a son éclat, s'il est glorieux d'avoir contribué à ramener l'art à une observation plus sincère et plus respectueuse des choses de son temps, s'il est d'un rare courage et d'un beau désintéressement de n'avoir jamais rien voulu concéder aux fantaisies passagères, il vient un jour où les fatigues du travail et les tristesses d'une existence toujours en butte à des critiques, dont la plupart ont été injustes, épuisent la vie.

L'homme disparaît, laissant derrière lui, à côté d'une œuvre encore mal comprise, une femme qui a été sa fidèle compagne, un enfant qui, près des frères de Manet, toujours si dévoués, a eu pour le grand artiste le culte d'un fils et qui s'est montré d'un dévouement admirable aux longues et terribles heures de la souffrance.

Messieurs, cette pensée m'attristerait si je n'étais assuré de traduire votre sentiment en disant à notre vaillant camarade : Dors en paix ! Le dévouement de tes amis s'approprie ta fière devise : *Manet et manebit.* Ce dévouement ne fera pas défaut à ceux que tu laisses derrière toi. Il demeure, il demeurera.